मन और प्रकृति

Dr. Madhulika Lakra

BookLeaf
Publishing

India | USA | UK

Presentation by *BookLeaf Publishing*

Web: www.bookleafpub.com

E-mail: info@bookleafpub.com

ISBN: 9789360943424

First edition 2024

To Mrs. Pupen Lakra & Mr. Phulsai Lakra,

My loving parents who have done everything in
their capacity to bring me here.

To Dr. Pratibha Lakra & Dr. Harsh Kr Lakra,

My dear siblings who have been a constant
source of support and selfless love.

ACKNOWLEDGEMENT

I would most humbly like to express my deepest gratitude and be thankful to the Lord Almighty for every opportunity I have been provided with, truly grateful and blessed I am to be able to write this acknowledgement for my very first book of poetry. I am deeply thankful to my parents, siblings, family and friends for their love, support and efforts throughout my journey.

I would also like to acknowledge the role of every individual I have met in life and their stories have somehow inspired what I write in my poetries.

I would also like to acknowledge my late grandparents, late maternal uncle and aunts, who have had a great impact upon my personal growth.

I would like to acknowledge all my teachers and their significant role in shaping me through different phases of life.

With my heartfelt sincerity, I would like to acknowledge every patient and their families I have met in my professional life as their stories, journey, loss and healing have impacted me greatly.

PREFACE

मौन कितना सहज होता है
कि पतझड़-बसंत का क्रम चलता रहे
और वृक्ष नए कोंपलों का
वार्षिक तौर पर
नव-आगंतुक की तरह
स्वागत करे
पुन: विदा करने को!

यदि आप इस किताब के इस पृष्ठ पर हैं और जीवन के किसी भी पड़ाव पर अपना सर्वश्रेष्ठ करने की कोशिश कर रहे हैं अथवा संघर्ष कर रहे हैं; मैं उम्मीद करती हूँ कि इन कविताओं का कोई भाग, आपके हृदय को छू सके। आप इन कविताओं में जीवन का सार समझ सकें और प्रकृति आपके जीवन में प्रेरणा और आशा का द्योतक हो।

मन-अंतर्मन

मन का चोर
मन ही पकड़े,
मन की व्यथा
मन ही सुने!
मन न होता
तो कला न होती,
मन न होता
तो गीत न होते,
मन न होता
तो मेरी कलम न होती,
मन न होता
तो मेरी कविता का
कोई विषय नहीं होता!

मन के अस्तित्व पर ही
कैसे टिका दिनचर्या
हर किसी का!
सोचो कि मन नहीं होता
तो संवेदना नहीं होती,
प्रेम नहीं होता
द्वेष नहीं होता!
फिर कैसा होता संसार?
कि हर व्यक्तित्व ही
एक जैसा ही होता!

फिर क्या आयोजनों में रंग होते
और बातों में कुछ वजन होता?
फिर क्या प्रयास होते
कि संतुलन बना रहे
घरों में,
कि रसोई में भी
अट्टहास हो,
और किसी बैठक में भी
चुटकियों की कोई बात हो!

Tree & River

On an evening,
Tree asked the river.
For years we've been here
So tell me,
What do you think of me?

And the river said
To the tree,
Don't you know?
I'm a mirror to you.
Don't you see?
Your reflection
When you look at me!

नदी का गीत

नदी
अविराम गीत गाती रही,
और मैं निःशब्द
सुनती रही,
सहज ही आ जाने वाली
एक मुस्कुराहट के साथ।

तरंगों की प्रत्याशा में,
मैं प्रहार करती रही
कितने ही छोटे पत्थर चुनकर;
लेकिन नदी
गीत गाती ही रही।

मैं
निहारती रही नदी को,
और सहसा
किनारों से परे पहुँच कर;
अपने मृदुल-शीतल स्पर्श से
नदी ने पुनः,
मुझे कुछ शब्दों का
एक उपहार दे दिया!

मौन

मौन कितना सहज होता है?
बिल्कुल किसी चिलचिलाती धूप में
मोहल्ले की एक गली में,
दोपहर में पसरे हुए
एक सन्नाटे की तरह!
कि कोई सुने तो
गरम हवा की थपकियाँ हों
और आम के पेड़ों पर
बौर आ चुकी हो,
और तेज़ हवा
किसी तोते के साथ मिलकर
बौर गिराने में लगी हो
बहुत ही धीमी स्वर में,
पर माली का ध्यान हो तो
वो सब सुन लेगा

चाहे नवतपा के दिन हो
या हाड़ जलाने वाली धूप हो!

मौन कितना सहज होता है?
कि जैसे शोक में
सूख चुके आँसू हो,
या फिर उत्सव में
किसी द्वार पर किया
एक शृंगार हो!
मौन कितना सहज होता है?
कि माँ से मिला
एक आलिंगन हो,
या दादी-माँ से मिला
एक रुपये के सिक्के में छुपा
अथाह स्नेह हो!

मौन कितना सहज होता है?
कि पिता की एक
भाव-भंगिमा हो,
और मित्र की
एक दृष्टि हो!
मौन कितना सहज होता है?
कि क्रोध बेहद हो
और करुणा तनिक ही हो!
मौन कितना सहज होता है?
कि सत्ता को अहंकार हो
और मतदाता का
एक निर्णायक मत हो!

मौन कितना सहज होता है?
कि विश्व का कण-मात्र होने का
ज्ञान न रहे,
और रचयिता मुस्कुराता हो
उसकी सर्व-सत्ता पर!
मौन कितना सहज होता है?
कि पतझड़-बसंत का क्रम चलता रहे
और वृक्ष नए कोंपलों का
वार्षिक तौर पर,
नव-आगंतुक की तरह
स्वागत करे
पुन: विदा करने को!
मौन कितना सहज होता है?
कि शब्द जब लिखे जाते हैं
किसी गद्य व पद्य में,
शब्द स्वयं ही क्रम बना लेते हैं
और अर्थ भी
अनेक बन जाते हैं!

कृतज्ञ/कृतघ्न

हृदय कृतज्ञ
तब अंधेरे के बाद भी
उजाले की आस,
और हृदय कृतघ्न
तो फिर दिये की
परिधि में शामिल,
अंधेरा भी
करे निराश!

हृदय कृतज्ञ
तो अप्रत्याशित भी
विषय हो अनुभव का,
हृदय कृतघ्न
तो फिर अपेक्षित भी
विषय हो क्षोभ का!

हृदय कृतज्ञ
तो विनम्रता भी साथ,
हृदय कृतघ्न
फिर क्या हो संवाद!
हृदय कृतज्ञ
तो हर दिन
थोड़ा सरल,
हृदय कृतघ्न
फिर क्षणिक संतोष भी विरल!

हर दिन

हर दिन के अपने उत्सव
और हर दिन की अपनी पीड़ा,
हर दिन के अपने विजय-गान
और हर दिन के अपने पराजय,
हर दिन का एक प्रमुख भाव
और हर दिन के अन्य, अनंत भाव;
हर दिन का कुछ प्रेम-समभाव
और हर दिन के कुछ बैर-भाव,

हर दिन का कुछ संतोष
और हर दिन की कोई ग्लानि,
हर दिन की कुछ प्राप्तियाँ
और हर दिन की कुछ अपूरणीय क्षति,
हर दिन स्वयं पर एक जीत सही
और हर दिन स्वयं से कई हार भी तय,
हर दिन की कुछ मौन घड़ियाँ
और हर दिन ही, शब्दों की कुछ लड़ियाँ;
हर दिन प्राय: कलम रखे, कागज़ कोरा
और हर दिन ही अनभिज्ञ रहता, हृदय थोड़ा!

बसंत

बसंत हर वर्ष ही आता है
और फूलों की तस्वीरें
हर वर्ष ही होती हैं
मेरे पास,
और वर्षों के बीच
किसी एक बसंत में
तस्वीरों में कहीं
एक हल्की मुस्कान के साथ,
मैं स्वयं
फूलों के समीप,
स्वयं के लिए
स्मृतियाँ (तस्वीरें) सहेज लेती हूँ!

अनवरत रेखा

हर क्षण का है एक मोल
हर कहानी की है
एक सीख,
हर त्रासदी
देती है कोई सबक,
हर हताशा का
होता है कोई हल,
यूँ ही जीवन है बदलता
हर क्षण, प्रतिदिन।

जब जीवन पर नियंत्रण का
एक भ्रम हो जाता है,
इस संसार को रचने वाला
अपनी सर्वोच्चता
बता देता है।
फिर क्यों?
सुख और दुःख के भावों को,
निरंतरता से जोड़ें रखें
इनका भी कुछ क्रम तोड़ें।
वृत न बनाएँ भावों का
अपितु वास्तविकता से जोड़कर,
आशाओं की एक
अनवरत रेखा खींचें!

कविताएँ

कविताएँ
हमेशा ही कवि का अंतर्मन नहीं होती,
कई बार ये शब्द देती हैं उनको
जिन्हें मालूम ही नहीं होता
कि उनके अधिकार क्या हैं?

कविताएँ
कहती हैं कहानियाँ उनकी
जिनकी कोई सुनवाई नहीं होती।

कविताएँ
अपनत्व महसूस भी कराती हैं उनको
जिन्हें दमनकारी शक्तियों ने कुचला हो।

कविताएँ ही तो स्वर देती हैं
विद्रोह को,
कविताएँ कई बार जगाती हैं
मरणासन्न हो चुकी संवेदनाओं को।

एक लंबी नींद में सोये समाज को
कई बार झकझोर देती हैं कविताएँ,
कितने ही असहज सवालों को
बड़ी आसानी से पूछ लेती हैं कविताएँ।

समय का चक्र

परिस्थितियाँ हो अनुकूल
तब भी अभिमान न रहे,
और जब हो प्रतिकूल
तब भी आशाहीन न रहें,
यूँ ही समय का चक्र चलता
नियम यही, प्रकृति का;
जब पतझड़ हो
बसंत की राह देखें,
और बसंत में
फूलों के न मुरझाने का
कोई मिथ्या विश्वास न रहे!

हवा और पत्तियाँ

एक पेड़ की अनगिनत पत्तियाँ
लयबद्ध नृत्य की कला समेटे,
प्रतीक्षा करती हैं
हवा के एक हल्के झोंके का।
और जब वो प्रिय आगंतुक
संगीत की तरह
आरोह और अवरोह
लेकर आता है,
फिर
समन्वय का असर
उन अनगिनत पत्तियों का अस्तित्व
एक कर देता है!

मजदूर और गंतव्य

तुम्हारे शहर के घरों के
ईंट जोड़ने वाला
हाँ, वही मजदूर हूँ मैं;
गाँव लौटते हुए
अब अपने लड़खड़ाते कदम जोड़ रहा हूँ।

तुम्हें फल-सब्जियाँ बेच कर
रिक्शों में गंतव्य तक पहुंचा कर,
और कितने ही अनगिनत काम कर
अपना पेट भरने वाला
हाँ, वही मजदूर हूँ मैं;
अब खाने के लिए
घंटों कतार में खड़ा हूँ।

मेहनत कर
हर दिन थक कर सोने वाला
हाँ, वही मजदूर हूँ मैं;
अब रास्तों में बेहिसाब थकता
और मृतकों के आँकड़ों में बदल रहा हूँ।

(सन्दर्भ: कोरोना काल में मजदूरों का पलायन)

आज

जो इस क्षण है
वही जीवन है,
जो कल था
अब मात्र स्मृति है।
मधुर है, कटु है
प्रिय है, अप्रिय है;
अगर आज का आधार
वो कल है,
फिर भी वो कल
आज नहीं है
इस क्षण नहीं है।

जो कल अपेक्षित है
जिसके लिए मन
उत्साहित है, शंकित है
धीर है, विचलित है;

जो कल अपेक्षित है
निश्चित है, अनिश्चित है
किसी सुन्दर पुष्प सम है
या कठोर पत्थर समान है;
कल, कल ही आएगा
आज, इस क्षण नहीं है।

जो इस क्षण है
वही साथ है
वही पास है,
जो इस क्षण है
वही जीवन है।

संबंध और संवाद

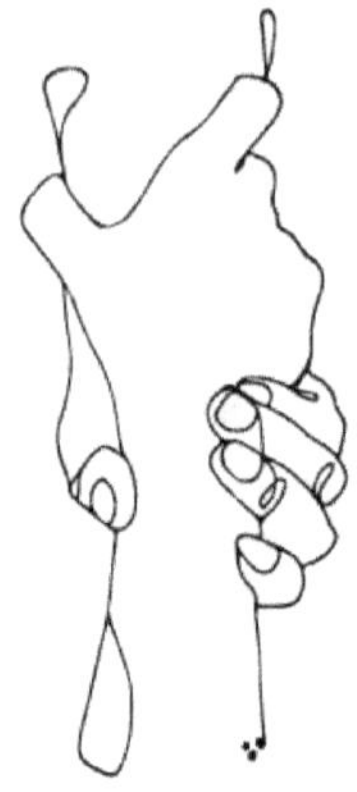

प्रयास क्या होते हैं
दो लोगों के मध्य?
परस्पर सम्मान हो
और जो आपसी भिन्नता हो
वो समानताओं को नगण्य न करें!

और ये दो लोग
व्यक्तिगत, सामाजिक या व्यावसायिक
किसी भी संबंधों को निभा रहे हों,
प्रयासों के परस्पर निरंतरता पर ही
संबंध टिके होते हैं।

हृदय कभी विशाल करके
दूजे को क्षमा करना होता है,
और कभी स्वयं को

प्राथमिकता से हटाकर
दूजे का हित, तय करना होता है।

कभी आक्रामकता सही होती है
किन्तु कभी विनम्रता आवश्यक होती है,
कभी आपको बड़प्पन दिखाना होता है
और कभी क्रोधित भी होना होता है।

भावनाओं और स्वयं के अहम को
परिस्थिति अनुसार संतुलित करना ही
संवाद स्थापित करता है,
और संवाद है
तो संबंध हैं।

ज़रूरी नहीं
कि वार्ता शब्दों में हो,
दूजे के मौन का सम्मान हो
और भावनाएँ समझी जाएँ,
सीमाओं का भी ध्यान हो
और वो लांघी न जाएँ।

जैसे भोजन स्वादानुसार
हर किसी के लिए
अलग-अलग पसंदीदा होता है,
संबंध और संवाद भी
आवश्यकतानुसार व्यक्तिगत होता है!

माँ

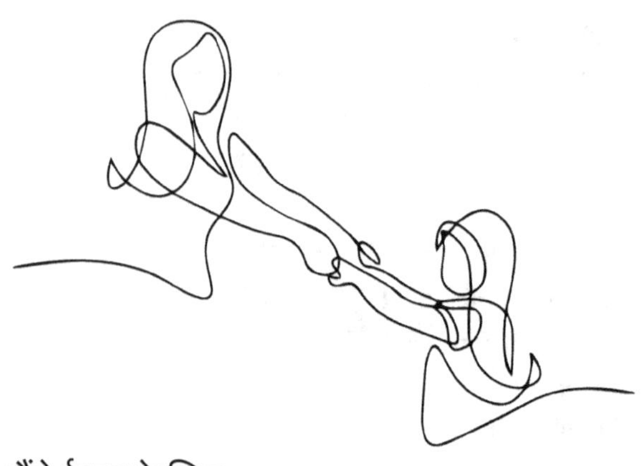

मैंने ईश्वर के लिए
गीत गाए हैं
कि सुबह
प्रभु, तुमसे शुरू हो
और रात भी
तुमसे ही प्रार्थना करके
मैं सोने जाऊँ
और तुम्हारी कृपा हो
तो कल का दिन मिले।

और बड़ा ही सरल
पर बहुत ही कीमती तथ्य है
कि सुबह काम पर जाने के लिए
माँ जगाती हैं मुझे;
हज़ारों किलोमीटर दूर
अपनी रसोई में जब वो

सुबह का नाश्ता बना रही होती हैं
या चाय उबाल रही होती हैं
और उनका ध्यान समय पर होता है
कि बेटी को फोन मिलाना है
और उसको समय पर उठाना है,
वो समय जो दस-पंद्रह मिनट
आगे-पीछे होता रहता है प्रतिदिन
और माँ, रात में जब फोन मिलाती हैं
अपने सोने से पहले,
बड़ी ही ज़िम्मेदारी से पूछ लेती हैं
कि बेटा, कल कितने बजे उठाना है?
और मेरा जवाब सुनकर
फिर मुझे वो गुड-नाइट (शुभरात्रि) कहती हैं!

कितना सहज है
माॅ के लिए ये प्रयास,
जो कि उनके माँ होने के अस्तित्व में ही
शामिल है, सदैव से ही।
और वो ग्लानि भी
जब वो तय समय से
कुछ देरी से
उठाती हैं,
और अफसोस भी जताती हैं
कि बेटा, भूल जाती हूँ मैं!

पर माँ को शायद मालूम नहीं है
या फिर है भी,
कि मेरी दिनचर्या में
उनके फोन मिलाने का

कितना महत्व है,
उन दिनों में भी
जब मैं जवाब में
सिर्फ यही कहती हूँ
कि माँ, बहुत बिज़ी (व्यस्त) हूँ
आज मैं!

माँ ही तो सुबह उठाया करती हैं
कि ईश्वर का भी धन्यवाद करूँ
जीवन में एक नए दिन के लिए!
माँ ही तो दिन के अंत में भी
प्रेम जताती हैं,
कि पुनः प्रार्थना करूँ
एक और दिन के लिए!

पिता

पिता की परिभाषा क्या होती है?
बहुत जटिल प्रश्न है,
वो युवक जो किसी दिन
एक बेटी का पिता बन जाता है;
और अचानक ही
वो संवेदना के
किसी पहाड़ के निकट होता है।
वो युवक
जो स्वयं अपनी माँ का
सबसे छोटा बेटा होता है
और अपने नन्हे शिशु को देख,
उसके प्रति
सबसे ज़िम्मेदार व्यक्ति बनना चाहता है!

पिता की परिभाषा क्या होती है?
वो व्यक्ति
जो आपके सामने

किसी मज़बूत स्तंभ समान होता है
कि आपकी जड़ें
कमज़ोर न हों।
वो व्यक्ति
जो हर बार नहीं कहता
कि आप
उसके जीवन की धुरी बन चुके हैं,
पर हर बार वही करता है
जो आपको गति दें!

पिता की परिभाषा क्या होती है?
वो व्यक्ति
जो अनुशासन का प्रतिबिंब होता है,
पर आपके हठ पर
आपके लिए
पारंपरिक दायरा तोड़ देता है।
वो व्यक्ति
जो कभी अपने पिता के साथ
मित्रवत नहीं रहा,
आपके साथ
हर पीढ़ी-अन्तराल को कम करता है!

पिता की परिभाषा क्या होती है?
वो व्यक्ति
जो आपको स्वतंत्र बनाता है
और किसी दिन
आपकी स्व-निर्भरता,
उनके लिए अर्जन और व्यय
दोनों ही होता है!

गुरु

गुरु ही
करे अवगत
जीवन से।
गुरु ही
सिखाए
पाठ विषयों के।
गुरु ही
डाँट में भी
विद्यार्थी का हित रखे।
गुरु ही
गलतियों पर
मार्ग सही बतलाये।
गुरु ही
स्वयं बने दीपक
जब अंधेरा प्रमुख हो।
गुरु ही
वो जीवन का केंद्र,
जो अभिभावक जैसा
सदैव ही
स्वार्थ रहित हो।

विकल्प

ज़िंदगी सारे रंग दिखाएगी
पर किस रंग को चुनना है
ये विकल्प हमेशा ही होगा,
मुश्किल एकरंगी विकल्पों में भी
तुम, अपना रंग चुनना
चाहे वो सारी दुनिया को अप्रिय हो!

मेरा और तुम्हारा संवाद

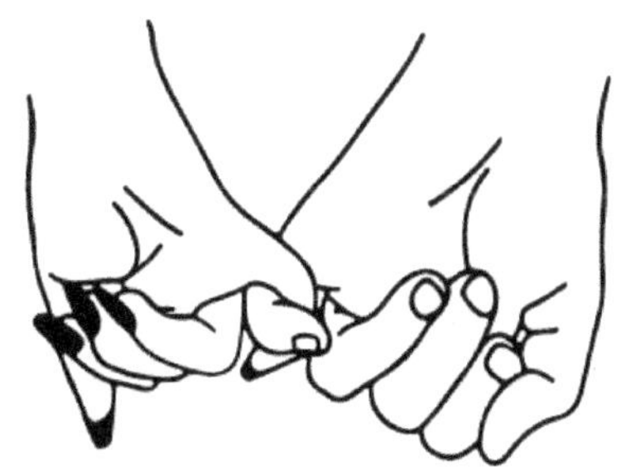

मेरा और तुम्हारा संवाद
सिर्फ प्रेम और लगाव पर नहीं होगा।
मैं, तुमसे हर विषय पर चर्चा करूँगी;
मेरा और तुम्हारा पेशा
मेरी और तुम्हारी दिनचर्या,
और अनगिनत सन्दर्भ
जैसे कि
संगीत-आस्था
विज्ञान-चिकित्सा,
पीड़ा-आनंद
प्रकृति-कृत्रिमता,
समाज-विश्व
उत्साह-निराशा,
परिवार-एकाकीपन
देश-राजनीति
कविताएँ;
और विषयों का ये क्रम
निरंतर जारी रहेगा।

हम में विभेद भी रहेगा
सहमति होगी,
और कई बार
हम असहमत होंगे
पर सुनने को तत्पर होंगे!
और कभी जब ये लगे
कि मैं सामान्य से ज़्यादा
मौन हूँ,
तब प्रयास ज़्यादा करना
और मेरा अनकहा सुन लेना
क्योंकि
कहा हुआ तो सब सुन लेते हैं
पर मौन,
सिर्फ प्रीति से बंधे लोग ही
सुन पाते हैं!

साथी/सखी

उल्लास के अवसर पर तो
हर दूजा साथ होता है
सहभोज के लिए!
लेकिन निराशा के समय
जो पूछ ले सवाल
कि 'भोजन किया या नहीं'?
वही सच्चा साथी-सखी है।

सुगम राह हो
जब जीवन पथ पर
हर परिचित हमराही है,
लेकिन जो साथ देता है

दुर्गम, कठिन राहों में
वही सच्चा साथी-सखी है।

झूठी अनर्गल बातों के लिए
सारी दुनिया तैयार बैठी है,
लेकिन जो बनकर आलोचक
सही-गलत की पहचान कराता है
वही सच्चा साथी-सखी है।

वो मनुज
जो नहीं चाहता
तुम रहो
किसी मुखौटे में,
लेकिन जानता है
तुम्हारे बेपर्दा अस्तित्व को
वही सच्चा साथी-सखी है।

स्वयं-आँकलन

स्वयं को समयांतर में
खो देना
और पुन: समानांतर
खोज लेना
पर्याप्त है,
जीवन का अर्थ
सहज करने को
स्वयं के लिए!

जग का शोर हो
कितना भी तीव्र
एक क्षण, मौन का

पर्याप्त है
स्वयं के लिए!
क्यों और कारणों के
हज़ार प्रश्नों के बीच,
आशाओं की
ईश प्रदत्त एक लहर
पर्याप्त है
स्वयं के लिए!

आँकलन के
अनगिनत पैमाने हो
जग-जन के,
लेकिन
स्वयं का निष्पक्ष पैमाना
पर्याप्त है
स्वयं के लिए!
जब मुस्कुराने के लिए
कोई विशेष कारण न हो
स्वयं को समझ लेना ही,
पर्याप्त है
सहज मुस्कुराने के लिए!

नदी का पथ

नदी के किनारे
एक पहर तक
ठहर जाना,
नदी जैसी गहराई तक
पहुँच जाना,
नदी जैसा ही
बहुत कुछ समेट लेना
फिर भी निरंतर गतिमान रहना;
अगर इतना ही आसान होता
एक नदी जैसा बन जाना!

नदियाँ शायद
इसीलिए ही
जीवन की रेखा होती हैं,
लगातार गतिशील होती हैं
सभ्यताएँ बनाती हैं,
अपने निकट कस्बे-शहर बसाती हैं
और भूमि-जल के संबंध को
सरल और कठिन दोनों ही बनाती हैं,
किसी मरूस्थल में कभी
जल का एक कीमती स्रोत,
और कभी किसी प्रलय में
बन जाती हैं कोई शोक-गान !

नदियाँ
गतिमान होती हैं सदैव,
और जब विलय होती हैं
किसी और वृहद जलस्रोत में
अपना अस्तित्व खोकर,
अपने सम्पूर्ण पथ का
सब कुछ ही
समर्पित कर देती हैं
कितनी विनम्रता से!

यूँ ही तो नहीं नदियाँ
सरलता से ही बहती हैं,
चट्टानों से टकराती हैं
और पहाड़ों को चीर जाती हैं
ग्रीष्म में खो जाती हैं
पर पुनः बारिश में
पुनर्जीवित हो जाती हैं!

संध्या

हर पहर ही
सूरज उग आता
तो फिर क्या संध्या होती,
कि सब लौटते हैं जब घरों को
कि थकन के बाद
विश्राम का भी एक पहर होता।
हर बार ही कोई सफल होता
तो सफलता का
क्या औचित्य होता?
कि विफलताओं के बाद ही
कीमती सफलता होती।
हर पड़ाव ही
संतुलित होता
फिर क्यों पहाड़ होते
और घाटियाँ होती,
और क्यों किसी नदी के
रास्ते में, कोई विशाल चट्टान होती।

अमावस और पूर्णिमा

कितना सहज
और कितना जटिल
होता है,
स्वयं को
स्वयं ही रहने देना;
कि जब जीवन
हर क्षण ही
होता है परिवर्तित।
और जिस गति से पृथ्वी
घूम रही है, अपनी धुरी पर
और अंतरिक्ष की दूरियाँ
निर्धारित होती हों, प्रकाश वर्ष में;
पर हर व्यक्ति ही
किसी छोटे से अंतराल में
कोई एक प्रकाश वर्ष जैसा
दूरी तय कर लेता हो,
और उसे ज्ञात ही नहीं
कि जीवन के कई दिन

सिर्फ अमावस और पूर्णिमा में नहीं ढलते
अपितु विडंबनाओं और उलझनों में बदलते हैं।
फिर भी
हर व्यक्ति ही
उन सवालों को हल करता है,
जो जीवन पर
प्रश्नचिन्ह लगाते हैं!
और हर किसी का ही उत्तर
कितना भिन्न होता है
जीवन को सहज करने के प्रयास में!

बचपन

कल ही की तो बात थी
उँगली पिता के हाथ थी,
सड़क पार किया था अभी तो
कैसे गुज़र गया बचपन!

वो बड़ा सा पेड़ कोने में
पीले जिसके फूल थे,
पिट्ठूल की वो एक गेंद
पर निशाने कितने अचूक थे!

शाम को आँगन में
लगता एक मेला था,
माँ, कितनी आवाज़ लगाती
पर हमने कभी,खेल न रोका था!

www.ingramcontent.com/pod-product-compliance
Lightning Source LLC
LaVergne TN
LVHW021300200726
843509LV00012B/1724